Couverture inférieure manquante

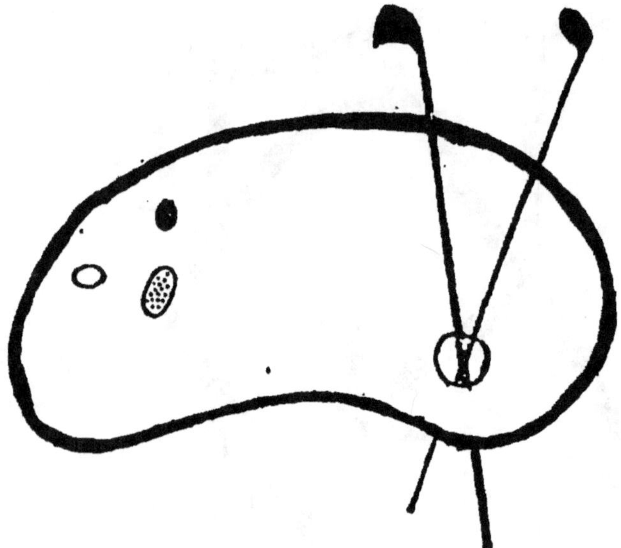

DEBUT D'UNE SERIE DE DOCUMENTS
EN COULEUR

DISCOURS

Prononcé à Frascati

Le Samedi 15 Janvier 1876

PAR M. LE COMTE

ALBERT DE MUN

Secrétaire général de l'Œuvre

HAVRE

Imprimerie J. Brenier et Cⁱᵉ, rue Beauverger, 2

1876

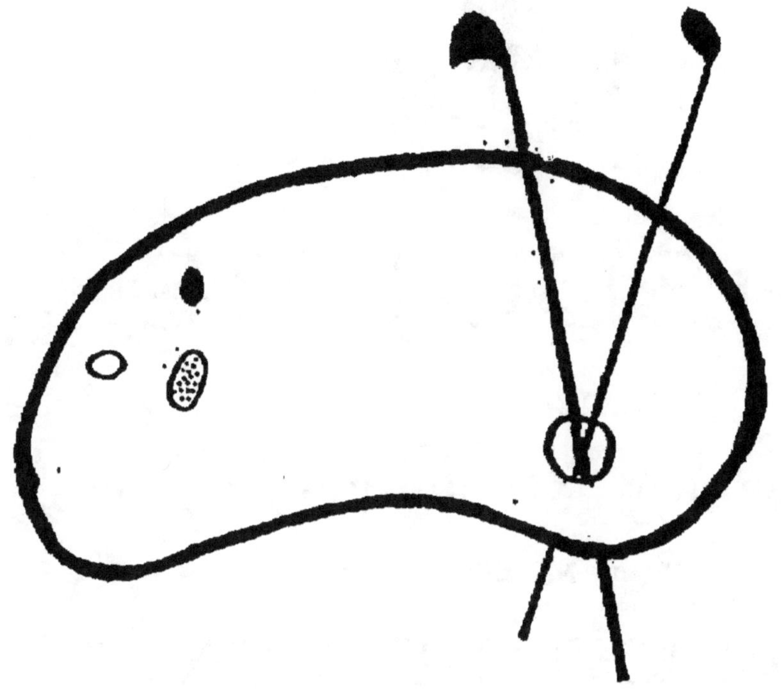

FIN D'UNE SERIE DE DOCUMENTS
EN COULEUR

Œuvre des Cercles Catholiques d'Ouvriers

DISCOURS

Prononcé à Frascati

Le Samedi 15 Janvier 1876

PAR M. LE COMTE

ALBERT DE MUN

Secrétaire général de l'Œuvre

HAVRE

Imprimerie J. Brenier et C', rue Beauverger, 2

—

1876

DISCOURS

Prononcé à Frascati

Le Samedi 15 Janvier 1876

PAR

M. le Comte ALBERT DE MUN

Secrétaire général de l'Œuvre

La séance est ouverte à trois heures quarante-cinq minutes.

M. LE COMTE ALBERT DE MUN.

« C'est une action virile que d'aller sous le
»toit du pauvre porter la science de la vie, ra-
»nimer les courages, donner un outil, de l'ou-
»vrage, de la fierté, de la sécurité; mais si l'on
»pouvait, si l'on osait, à cette âme endormie,
»parler des vérités éternelles, de la solide espé-
»rance, le bienfait ne serait plus comme une
»pierre que l'on jette dans l'abîme, qui fait un

»grand bruit et un certain mouvement d'une
»seconde, suivis d'une éternelle immobilité (1).»

Messieurs, c'est ainsi que s'exprimait, il y a
quelques années, dans un livre célèbre intitulé : *L'Ouvrière*, un homme dont le nom est
présent et s'impose presque à votre souvenir,
car votre ville retentit encore de son éloquente
parole. J'ai choisi cette maxime pour être en
quelque sorte l'épigraphe de ce discours, parce
qu'il m'a semblé qu'elle résumait à l'avance
l'objet de notre entretien.

Il y a longtemps, Messieurs, que j'ambition-
nais l'honneur de venir au milieu de vous pour
vous parler de cette *Œuvre des Cercles catholiques
d'ouvriers*, dont le nom, sans doute, ne vous
est pas inconnu, et qui déjà a porté, dans votre
ville, ses premiers fruits.

Il y a quelques jours, cependant, pressé de
me rendre enfin à l'appel qu'avaient bien voulu
me faire mes confrères, je me suis senti saisi
d'un trouble et d'une hésitation dont je dois
vous faire l'aveu ; car j'avais appris qu'il allait
s'élever ici, pour ainsi dire à côté de notre
Cercle catholique, un autre Cercle, ouvert
comme le nôtre aux ouvriers, et qui s'offrait,
comme lui, à votre sympathie, au nom du
salut de la patrie et de la société.

Alors, je me suis un moment demandé si ce
Cercle ne méritait pas de rallier tous nos efforts
et si, plutôt que d'élever autel contre autel, il
ne valait pas mieux confondre les deux œuvres

____

(1) *L'Ouvrière*, par Jules Simon, 4e partie, chapitre 5, page 435. 4e édition, Paris, 1862.

dans une grande et généreuse pensée de bienfaisance.

Aussi, quand j'ai su que celui dont j'ai tout à l'heure rappelé le souvenir, avait pris la parole le jour de l'inauguration de ce Cercle, ai-je lu avec avidité, avec émotion, le discours qu'il avait prononcé pour célébrer cette fête solennelle ; je l'ai lu avec l'attention qu'on doit à la parole d'un homme que, pour ma part, je considère comme l'un des premiers orateurs de notre temps ; mais, vous me pardonnerez de le dire, quand j'ai eu fini cette lecture, il m'a semblé « qu'une pierre venait de tomber dans »l'abîme, qu'il s'était fait an grand bruit et un »certain mouvement d'une seconde, puis que »tout était rentré dans une éternelle immobi- »lité.» (Applaudissements)

Alors, j'ai pris confiance, et je me suis dit que je viendrais devant vous, n'ayant pas sans doute pour me recommander à votre attention l'éclat d'une couronne académique, ni l'autorité d'une des premières fonctions de l'Etat, mais cependant confiant dans la force de ma foi, et surtout dans le nom que je porte et que tous, qui que vous soyez, vous êtes, j'en suis sûr, disposés à accueillir avec faveur, parce que ce nom a retenti d'un bout du monde à l'autre et que la plupart d'entre vous se font gloire de le porter comme moi-même. Ce nom, qui nous confond tous dans une même famille, à l'heure de la naissance comme à l'heure de la mort, je veux le placer comme une signature aux premiers mots de cet entretien : Je suis Chrétien ! (Vifs applaudissements.)

Et maintenant, Messieurs, vous me demanderez, peut-être, pourquoi ce parallèle, et si je ne pouvais vous parler de l'œuvre dont je suis le serviteur, sans me croire obligé de vous entretenir aussi de l'œuvre voisine ?

Non, Messieurs, et souffrez qu'en toute bonne foi je vous explique pourquoi, sans intention de soulever une polémique qui n'est pas dans ma pensée, je crois de mon devoir de faire devant vous le parallèle auquel je me prépare.

C'est qu'en effet, comme je vous le disais tout à l'heure, voici deux œuvres qui s'élèvent dans votre ville et qui, toutes deux, parlent de moraliser la classe ouvrière, et promettent de travailler à l'apaisement des haines sociales ; qui, toutes deux aussi, portent au dehors des fruits analogues, c'est-à-dire des Cercles d'ouvriers, et, cependant, ces deux œuvres ne se confondent point, et quelle que soit l'estime réciproque que leurs fondateurs puissent garder les uns pour les autres, ils restent cependant divisés dans leurs principes et dans leur action, en un mot dans leur œuvre elle-même.

N'y a-t-il pas, dans cette division, de quoi surprendre ceux qui nous regardent faire et jeter dans leurs esprits le trouble et l'incertitude ?

C'est pourquoi il me semble qu'il est du devoir des hommes convaincus que l'œuvre des Cercles catholiques d'ouvriers est, je ne dis pas la meilleure des deux, mais, entre les deux, la seule, entendez bien, qui puisse concourir efficacement au salut social ; il est, dis-je, du devoir de ces hommes et de mon devoir, à moi qui parle en leur nom, de venir loyalement devant ceux-mêmes qui appartiennent à l'œuvre adverse, dire ce qu'est notre œuvre et pourquoi elle ne se confond point avec la leur. (Applaudissements.)

Une œuvre, Messieurs, se juge par sa doctrine et par ses effets.

Telle sera, si vous le voulez-bien, la division de ce discours. Nous étudierons ensemble *quelle est la doctrine et quels sont les effets* des deux œuvres dont nous nous occupons.

I.

'Et d'abord la doctrine. Nous sommés ici d'accord sur un point : c'est qu'il y a une question grave qui préoccupe tous les esprits, qui obsède nos jours et nos nuits ; c'est ce redoutable problème qui s'appelle la question sociale.

Peut-être, — et pour cause, — signalons-nous avec une énergie plus grande encore que les autres l'ardeur de cette question sociale ; peut-être avons-nous à cet égard une vivacité de langage, ou, si vous voulez même, une sorte de brutalité qui ne se rencontre pas chez tous au même degré ; c'est qu'en effet nous pensons que cette question sociale est non-seulement redoutable, mais qu'elle est vitale.

Par elle, c'est le salut du Pays qui est en jeu, et il ne s'agit pas ici d'une controverse philosophique, mais bien de savoir si vous vivrez ou si vous périrez, si la France vivra ou si elle périra ; il s'agit de savoir si la terre qui vous porte, si le tombeau de vos pères, si le berceau de vos enfants, si tout ce qui fait l'honneur de votre vie, la consolation et la joie de votre foyer, si enfin tout ce qui constitue la Patrie, ne va pas disparaître demain dans quelque grande et définitive catastrophe.

Peut-être, je le répète, parlons nous de ces choses, avec moins de ménagements que les autres, mais du moins et quoi qu'il en soit, nous sommes d'accord sur l'existence même et sur la gravité de cette question sociale. Je n'en veux pour garant que les paroles mêmes que prononçait l'autre jour l'orateur chargé de présider à l'inauguration du Cercle Franklin : « On vous parlait tout à l'heure, disait-il, »de la question sociale. Oh ! c'est là une grande »question. Si nous voulions la traiter à fond, »il faudrait agiter de grands problèmes écono-»miques et philosophiques. Ce serait long, dif-»ficile et ardu.»

Mais ce n'est pas tout : il est un autre point sur lequel nous sommes également d'accord : c'est que, dans cette question sociale, et au-dessus d'elle, la dominant en même temps qu'elle la pénètre de toutes parts, il y a une autre question, sur laquelle il faut d'abord arrêter notre attention et près de laquelle la question sociale elle-même n'est rien; c'est la question morale.

Je ne saurais, sur ce point, mieux rendre ma pensée qu'en vous rappelant en quels termes s'exprimait, l'autre jour, M. Jules Simon : « Mais »ce qui domine tout, disait-il, ce qui absorbe »tout, ce qui finira par supprimer la question

»sociale, c'est la question morale. C'est là peut-
»être le secret de l'avenir. Ce qui est grand et
»puissant, ce n'est pas tant l'amélioration phy-
»sique que l'amélioration morale. »

Nous souscrivons pleinement à ces paroles,
et nous ne sommes pas les seuls. Tous ceux qui
ont arrêté un moment leur esprit sur ces graves problèmes, reconnaissent, avec moi, que
la société moderne tout entière pousse, à cet
égard, un grand cri d'alarme, et sont d'accord
pour déclarer que la condition morale est com-
promise et que là réside le mal qu'il importe,
avant tout, d'étudier et de guérir.

Au moment où l'Assemblée nationale allait
se séparer, une commission, qu'elle avait nom-
mée dès les premiers jours pour étudier les
conditions du travail en France, rendait devant elle ses derniers comptes. Le consciencieux
et honnête rapporteur chargé de ce travail,
après avoir longuement énuméré les misères
sociales, les désordres profonds qui agitent la
classe ouvrière, faisait lui-même cet aveu que,
de toutes les questions, la plus grave est la
question morale ; et qu'il y a là un mal toujours à l'état aigu, que rien n'a encore apaisé.
Et, après lui, l'honorable secrétaire de cette
même commission, M. Louis Favre, chargé
d'une partie spéciale du rapport, concluait à
peu près dans les mêmes termes : « Que l'amé-
»lioration physique va toujours en grandissant,
»mais que l'état moral va s'abaissant toujours
»et partout. » (Mouvement.)

Sur ce point donc, de quelque côté que l'on
se tourne, qui que ce soit que l'on interroge,

ouvrier ou patron, prêtre, philosophe ou magistrat, chrétien ou libre-penseur, on entend toujours cet aveu s'échapper du cœur de ceux qui ont étudié les causes de nos discussions sociales et tous finissent comme l'orateur, dont je rapportais les paroles, par reconnaître qu'il y a quelque chose qui supprime la question sociale, ou plutôt quelque chose qui en est la solution en même temps que le principe : c'est la question morale. (Murmures d'assentiment.)

Voilà donc le problème nettement posé. Nous sommes d'accord sur la réalité du péril; nos deux œuvres ont le même point de départ, et puisqu'elles se proposent la même fin, il importe, il est urgent d'étudier les moyens qu'elles emploient pour remédier au mal.

Messieurs, l'orateur dont le discours sert comme de base à celui que je viens de faire devant vous, vous a dit, en terminant, qu'il était un philosophe rationaliste; c'est donc à ce philpsophe que je m'adresse, pour lui demander quel remède il apporte au désordre moral dont il se plaint; car c'est mon droit de supposer que ses doctrines seront aussi celles de l'œuvre que nous examinons, puisqu'on a voulu qu'elles fussent professées le jour même de l'inauguration, comme une sorte de programme pour l'avenir.

Je prête donc l'oreille, et j'entends le philosophe rationaliste résumer les conseils qu'il donne au peuple dans ces deux grands mots : la Morale et le Devoir. Il a, dit-il, « *une foi profonde dans l'efficacité de la morale pour faire les*

grands *peuples,* » et il veut que « *tous les citoyens
se dévouent à l'accomplissement du devoir.* »

Mais, qu'est-ce que la morale ? La morale,
direz-vous, c'est cette loi universelle qui pres-
crit de ne faire que ce qui est honnête. Mais
qu'est-ce qui est honnête, je vous le demande,
philosophe ? pouvez-vous me le dire ? J'ai
cherché vainement cette définition dans vos
œuvres, et dans vos discours : J'ai bien trouvé,
il est vrai, que ce qui est honnête, c'est ce qui
est moral, et que ce qui est moral, c'est ce
qui est honnête, et que les deux ensemble
composent le devoir. Mais alors, qu'est-ce que
le devoir ?

Supposons, pour un moment, que je suis cet
ouvrier à qui vous voulez du bien et, qu'encou-
ragé par votre sympathie, je me prends à cau-
ser avec vous : je suis, dis-je, Monsieur le philosophe, un pauvre homme qui gagne sa vie
péniblement ; je n'ai point eu le temps de lire
vos livres, du matin au soir, je suis occupé par
un labeur journalier ; je rabote, je cloue, je
laboure la terre, je forge du fer ; mais je veux
être un honnête homme. Vous me dites de
faire mon devoir : j'y suis résolu et je vous demande de me dire ce que c'est que mon devoir.

— Le devoir, mais vous en avez le sentiment
naturel au fond de la conscience ; sentiment
que Dieu vous inspire et qu'il conserve dans
votre cœur.

— Dieu, dites-vous ; ah ! il me semble que
vous répondez à quelque chose que je sentais,
en effet, au-dedans de moi... Dites-moi, vite !

qu'est-ce que ce Dieu, dont vous parlez ? Je vous le répète, je suis un pauvre homme.; je n'ai point votre science ; mais je ne demande qu'à apprendre : je ne connais pas Dieu, mais je crois que je lui obéirais volontiers. Apprenez-moi donc ce qu'il est.

— Dieu, c'est un être dont la conception est bien difficile à saisir pour vous, mon ami : On ne peut guère y parvenir qu'en pâlissant sur les livres ; ne vous occupez pas trop de savoir ce qu'il est ; contentez-vous de savoir qu'il existe : c'est un Etre très puissant, qui réside bien loin de vous, qui gouverne tout, mais qui ne se soucie pas des détails.

— Mais, philosophe, vous me laissez dans l'embarras, et voici que je retombe dans le néant où j'étais tout à l'heure ! Songez donc ! Avez-vous bien regardé ce qu'est ma vie de tous les jours ; je ne suis pas un homme de grandes conceptions, moi ; vous me dites que Dieu ne se soucie pas des détails ! Mais ma vie est faite de détails et d'une série de petites misères ! Dieu ne se soucie-t-il donc pas de moi ? Vous me dites qu'il est bien loin. Est-ce que je ne pourrai donc jamais, moi qui suis si petit et si faible, arriver jusqu'à lui ? J'aurais pourtant bien des choses à lui dire ; car vous m'avez dit aussi qu'il était très puissant, et j'ai bien besoin d'être soutenu par quelqu'un de puissant. Ne puis-je, au moins, lui parler, lui adresser une prière ?

— Sans doute, mon ami, vous pouvez prier, vous devez même prier.

— Ah ! j'en étais sûr ; je sentais cela, voyez-vous, au fond de mon cœur. Le soir, quand je suis fatigué, quelquefois épuisé par la souffrance, il me semble qu'en moi-même j'entends comme une voix intérieure et comme un cri qui s'échappe malgré moi : Mon Dieu, je vous en prie, protégez moi ! C'est bien cela la prière, n'est-ce pas ?

— Oh, non ! Mon ami, une prière semblable ne serait pas compatible avec la grandeur de Dieu et votre propre dignité. Sans doute, il faut prier : mais prenez garde que votre prière ne soit jamais comme celle du mendiant qui implore un secours ; cela vous rabaisserait ! Votre prière doit être un entretien avec votre Créateur, un hymne de louanges et d'actions de grâce ! Mais n'allez pas, en priant, vous oublier jusqu'à demander des faveurs, cela ne se doit pas.

— Mais alors, que voulez-vous que je devienne ? Je souffre : je n'ai que des grâces et du secours à demander : à qui donc vais-je m'adresser ? Puisque je ne puis importuner Dieu de ces détails, au moins n'y a-t-il pas, entre lui et moi, quelqu'un à qui il me soit permis d'ouvrir mon cœur, quelqu'un qui soit moins loin de Dieu que je n'en suis moi-même et qui puisse m'obtenir ce dont j'ai besoin. Ah ! Monsieur le philosophe, si vous saviez comme cet épanchement me ferait du bien ! Si je pouvais vous dire mes souffrances, vous raconter ma vie, ma pauvre vie, vous confier comment mon âme honnête est travaillée par mille inquiétudes, assaillie de mille scrupules, cela me soulagerait, j'en suis sûr. Et si vous même ne pouvez m'entendre, ne me montrerez vous pas quelqu'un à qui je puisse me confier, et qui veuille intéresser à moi ce Dieu puissant dont vous m'avez parlé?

— Oh, non ! « *qu'il n'y ait pas d'intermédiaire* »*entre Dieu et vous !* » Laissez cela aux faibles d'esprit, à ceux qui ne sont pas encore « *dignes* »*de la liberté.* » « *Honorez Dieu comme il veut être* »*honoré,* » mais, encore une fois. pas d'intermédiaire ! cela ne se doit pas. (Applaudissements.)

Messieurs, je n'invente rien : toutes ces réponses, je les lis textuellement dans le discours que vous avez entendu l'autre jour, ou bien, j'en trouve la substance dans les principaux écrits du philosophe, et ce n'est pas sans émotion que je les ai parcourus ; car, à côté de ces doctrines qu'un chrétien ne saurait admettre, j'ai rencontré des pages admirables, non-seulement par le style, mais par l'élévation du sentiment, et je me suis pris à espérer, au fond du cœur, qu'un jour viendrait où une foi commune rapprocherait enfin ceux qui sont aujourd'hui divisés......

Mais poursuivons. L'ouvrier de tout à l'heure, à force d'interroger le philosophe, l'a mis, ce me semble, un peu dans l'embarras, et nous n'avons toujours pas ce remède qu'on nous promettait contre le mal moral, qu'il s'agit, ne l'oublions pas, de guérir avant tout. Mais voici : si notre ouvrier n'entend pas bien encore les réponses qu'on lui a faites, c'est, on nous l'a dit, que ce sont là des sujets difficiles, qu'il faut, pour les comprendre, avoir étudié dans les livres, et, par conséquent, le remède, c'est d'apprendre et d'aller à l'école.

L'école et la science, voilà donc la solution du problème et le remède aux maux de l'humanité. Faites des écoles, et vous serez un grand peuple ! Allez à l'école et vous deviendrez des hommes ! et, pour mieux faire comprendre sa pensée, le philosophe, mettant en parallèle le bienfait intellectuel et le bienfait matériel, termine par cette belle parole : *« On forge des hommes dans les écoles, on ne forge que du fer dans les usines ! »* Dès lors, il ne se possède plus, et, emporté par cette admiration sans bornes et par cette confiance sans limites dans les bienfaits de la science, le voilà qui exalte en termes magnifiques les conquêtes du temps moderne : « Voyez donc dans quel siècle vous vivez et quelles merveilles il vous apporte ! Voyez ce progrès qui augmente sans cesse, et cette amélioration matérielle qui ne s'arrête jamais ! C'est la locomotive qui passe, emportant au loin voyageurs et marchandises ! C'est le gaz étincelant, qui illumine nos rues et nos demeures ! C'est le télégraphe, dont le fil transmet en un moment la pensée de l'homme d'un bout du monde à l'autre !... »

Tout cela est admirable ! Mais je crains que le philosophe ne se soit lui-même un peu laissé emporter par la locomotive de l'enthousiasme (sourires) ; et sans doute il a aperçu quelque trace d'inquiétude sur le visage de son interlocuteur, car le voilà qui s'arrête tout à coup !... Ah ! c'est qu'il a compris qu'il parlait à des gens qui vont peu en chemin de fer, qui s'éclairent avec une lampe fumeuse et qui n'ont pas souvent de dépêche télégraphique à envoyer...(Rire général et vifs applaudissements)...et alors le voilà qui change de ton :

« En écoutant, dit-il, l'énumération de ces »progrès, il en est sans doute qui se disent : » Oui, il y a plus d'heureux qu'autrefois; je »m'en réjouis, mais... j'en suis exclus.

»Je parle à ceux-là, et je leur adresse ce mot »triste et grave de « Résignation. » Oui, il faut »se résigner, et ne pas méconnaître les réali- »tés du progrès social; il faut se dire que, si la »liberté ne donne pas encore tout ce qu'elle doit »donner, tout ce qu'elle est capable de donner, »c'est que nous avons plutôt la reconnaissance »du principe que la pratique de la chose. »

La pratique de la chose ! Est-ce que, vraiment, Messieurs, vous trouvez que ce soit cela qui manque? Pour moi, il me semblait que, depuis tantôt un siècle, nous avions fait de *la chose* une assez complète expérience et que nous aurions quelque droit de demander qu'on s'en tînt là : car elle nous a même, quelquefois, coûté un peu cher. (Mouvement marqué d'assentiment.)

Mais revenons au philosophe, et permettez-moi de vous dire que ce mot de *résignation*, qu'il a qualifié lui-même de *triste et de grave*, me paraît, à moi, un peu plus que cela : il me semble que c'est une dure parole. Car enfin, souffrez que je reprenne mon rôle de tout à l'heure et que je parle ici comme le ferait un ouvrier :

— Ainsi donc, il faut que je me *résigne !*

Voilà tout ce que vous avez à me dire ! Tout à l'heure, en vous quittant, je vais rentrer chez moi, je vais y trouver ma femme malade, mes enfants qui ont faim. On me demandera ce que j'ai rapporté de ma journée, et comme je n'ai pas gagné beaucoup d'argent, comme ma femme, qui est malade, n'en a pas gagné du tout, voilà la misère au logis ; le loyer va être exigé demain par le propriétaire ; je ne vais pas pouvoir le payer, et on nous mettra à la porte. Ma femme, alors, s'inquiète, et elle me demande : « Mais tu as vu le philosophe ? Que t'a-t-il dit ? »

— Le philosophe ?... Ah, oui !... Eh bien, il m'a dit qu'il fallait nous résigner ! (Applaudissements.)

— Nous résigner ! mais pourquoi ? ce n'est pas possible... nous ne pouvons pas nous laisser mourir : voyons ! puisque le philosophe ne t'a pas secouru, prions Dieu ensemble, et demandons lui de nous venir en aide.

— Demander à Dieu de nous venir en aide ? Oh, non ! Dieu ne souffre point de ces choses-là, cela ne se doit pas : il ne faut rien lui demander ; il faut nous entretenir avec lui, mais non pas lui parler comme un mendiant qui implore une faveur.

— Mais, mon ami, j'ai vu tantôt M. le curé de la paroisse sortir de chez la voisine. Tu sais qu'elle est bien malheureuse : je suis allée la voir ; elle m'a dit que M. le curé l'avait consolée en lui parlant du Ciel, et en lui apprenant à prier avec lui ! Si j'allais voir M. le curé ?

— Oh, non ! non, ma femme ! Cela ne se doit

pas ! Il ne doit pas y avoir d'intermédiaire entre Dieu et nous.

— Mais alors, que faire ?...

Oui, Messieurs, alors que faire ?

Eh ! bien, je vais vous le dire et vous me pardonnerez l'ardeur de mon langage. Si j'étais ouvrier, et qu'on vînt me parler de la sorte, il me semble que je répondrais : Mais enfin de quel droit voulez-vous que je me résigne ? Vous m'avez fait tout à l'heure un magnifique étalage de tous les progrès matériels ; vous m'avez montré toutes les splendeurs de ce siècle, et les machines qui emportent d'un bout du monde à l'autre, et les salles resplendissantes de gaz, et les rues étincelantes de lumières ; vous avez déroulé devant mes yeux toutes les merveilleuses conquêtes de l'esprit moderne, et maintenant vous voulez que je me résigne à n'en pas jouir ! Et pourquoi ? Et de quel droit ? Ne m'avez-vous pas dit que nous sommes tous égaux ? ne m'avez-vous pas dit que je suis libre ? Et libre de quoi ? N'est-ce pas d'abord de vivre, et de vivre heureux ? Vous me répondez que mon devoir est de me résigner, et quand je vous demande ce que c'est que mon devoir, vous me dites que c'est de faire ce qui est bien, ce qui est honnête et d'éviter ce qui est mal. Mais qu'est-ce que le bien ? qu'est-ce que le mal ? qu'est-ce que l'honnête ? Je vous presse de questions et vous ne répondez rien ! Vous me parlez de Dieu, d'un Dieu qui m'a créé ; mais pourquoi m'a-t-il créé, et n'est-ce pas pour jouir de tout ce bien-être qui est là sous mes yeux, à portée de ma main ?...

Est-ce pour vivre misérablement pendant que les autres sont heureux, et mourir à la peine, sans espérance! Ah! si, au moins, vous me disiez qu'après m'être résigné, toute ma vie, à mon triste sort, j'aurai une belle récompense... Mais la science n'a rien précisé sur ce point... Si, pour comprimer la révolte de mon cœur, vous me disiez qu'il y aura un châtiment redoutable pour celui qui n'aura pas su souffrir... mais il n'y a rien, à cet égard, d'absolument certain. Eh bien! alors, écoutez-moi : Je suis las de souffrir et je sais bien ce que je vais faire. Puisque vous ne voulez rien me montrer de certain, au delà de cette vie, je veux au moins y être aussi heureux que possible: je veux jouir à mon tour; je veux prendre ma part de tout ce progrès matériel si séduisant et puisque vous ne m'apportez que cela, puisque, lorsque j'étais affamé d'honnêteté, vous n'avez pas pu me dire ce que c'était que d'être honnête, je ne m'occuperai plus de le savoir, et ce bonheur terrestre que vous me montrez et qui me fait envie, plutôt que d'en être toujours privé, je vais m'en emparer, car je suis le plus fort! — (Applaudissements.)

Ah! Messieurs, voilà donc où elle aboutit cette philosophie rationaliste qu'on nous vantait si fort tout à l'heure!

M. Jules Simon vous disait, l'autre jour, qu'il était un homme de 89!

Vous n'aviez pas besoin de le dire, philosophe! je vous avais bien reconnu! Oui, voilà la doctrine de la Révolution française! Oui, vous êtes bien le fils de ceux qui, dans un jour de révolte, ont expulsé de la société le Dieu des chrétiens, pour mettre à sa place un Dieu imaginaire, qui n'est plus qu'une conception métaphysique.

Mais vous aviez compté sans la logique du peuple.

Un homme qui a marqué tristement sa place dans l'histoire de nos révolutions, *Félix Pyat*, a dit un jour que « *le peuple est un grand logicien qui ne manque jamais de conclure.* » Or, quand les hommes de 89 eurent mis Dieu à l'écart, et fait, à leur profit, une société purement humaine, ils voulurent arrêter là leur Révolution, et ils crurent, ils le croient encore, qu'avec ces grands mots de morale et de devoir, ils pourraient se rendre maîtres de l'esprit du peuple, et l'empêcher de tirer les conclusions nécessaires des principes qu'eux-mêmes avaient posés.

Ils se sont trompés. Le peuple a été jusqu'au bout, et un jour il est venu leur dire : « Vous m'avez ôté l'espérance du Ciel et la crainte de l'enfer ; il me reste la terre, je l'aurai ! » (1)

Alors, Messieurs, vous savez ce qui est arrivé. Ce peuple ne voyant plus Dieu qu'on lui avait caché, s'est mis à le maudire et en même temps. comme sa misère croissait toujours, il s'est rué sur les biens de la terre pour s'en emparer par la violence, jusqu'à ce qu'un jour, de crime en

---

(1) Mgr Mermillod. Sermon prononcé dans l'église Sainte-Clotilde en faveur de l'œuvre des Cercles catholiques d'ouvriers (avril 1872).

crime, de colère en colère, il se soit enfin dressé sur les ruines des palais incendiés en s'écriant, dans un dernier blasphème : Il faut nier Dieu pour affirmer la souveraine indépendance de l'homme!— Et de ce contact affreux entre l'athée et le désespéré, est né le désordre social au milieu duquel vous vous débattez! (Sensation profonde. — Applaudissements prolongés.)

Messieurs, je vous ai dit ce qu'est la doctrine de nos adversaires ; il me reste à vous dire quelle est la nôtre.

Disciples d'une religion surnaturelle et révélée, nous allons au peuple, ayant pour toute arme cette religion, et nous lui tenons un autre langage à cet ouvrier qui se détourne, fatigué, du philosophe de tout à l'heure.

Nous lui disons qu'il y a un Dieu, et que ce Dieu est un être personnel et agissant, qu'il se mêle à tous les actes de la vie et qu'il ne tombe pas un cheveu de sa tête sans sa permission.

Et comme il nous interroge à notre tour, et qu'il nous dit aussi : Pourquoi Dieu m'a-t-il créé? Nous lui répondons: « Dieu t'a créé pour »le connaître, l'aimer, le servir et par ce moyen »obtenir la vie éternelle! » (Applaudissements.) Et cette réponse qui, d'un seul coup, annonce l'origine et la fin de la vie, il n'y a pas un enfant, parvenu à sa septième année, qui ne sache la faire aussi bien que nous, et qui ne soit ainsi, plus savant, plus fort et plus inébranlable que tous les philosophes rationalistes du monde, avec toute leur science et toutes les conquêtes de l'esprit moderne. (Applaudissements.)

A cet homme qui souffre, et à qui, du premier mot, nous avons révélé sa fin dernière, nous ne craindrons plus de parler de ses douleurs et, comme le philosophe, nous lui dirons aussi, mais, cette fois, sans dureté, que la grande loi de ce monde c'est la résignation; et s'il s'étonne, oh! nous avons, pour nous faire comprendre, un suprême, un admirable argument que vous ignorez, philosophes, que vous ne trouverez jamais, même en pâlissant sur les livres! Nous viendrons attacher un crucifix au mur de cette pauvre demeure! Et quand l'ouvrier, fatigué de son labeur, rentrera le soir au logis, ses yeux rencontreront l'image sacrée! Il verra cet homme attaché sur la croix le regarder d'un air de compassion; il apercevra sur sa tête une couronne d'épines; et il verra couler sur son visage un sang pareil à celui qui a pu s'échapper quelquefois de ses mains meurtries par le travail; il verra autour de ses reins un lambeau plus misérable que les haillons qui le couvrent lui-même, et alors il se tournera vers nous et il nous demandera : Mais qui donc est cet homme ? — C'est ton Dieu, ton Dieu qui a souffert pour toi, qui est mort pour toi, ton Dieu qui t'a racheté de l'esclavage et qui t'attend là haut, pour te donner un bonheur éternel, si tu veux, sur la terre, souffrir un peu pour l'amour de Lui. (Vifs applaudissements et acclamations.)

Mais voici que cet homme est arrivé au déclin de son âge; la souffrance, après avoir meurtri son corps, a fini par l'écraser. Il va mourir. Mais déjà nous avons couru dans la maison voisine où un prêtre demeure, et nous l'avons amené près du lit de celui qui va rendre le dernier soupir. Alors, Messieurs, sa figure s'est illuminée d'un reflet surnaturel : il s'est rapproché du prêtre pour lui demander une dernière bénédiction, et bientôt un calme profond s'est répandu sur ses traits pendant que ses lèvres murmurent une dernière fois la prière que nous lui avons apprise et que, si souvent, il a redite dans ses jours d'angoisse : « Notre Père, qui êtes aux cieux, donnez-nous »notre pain quotidien.... » Le temps des souffrances est passé : il sait que toute sa vie il s'est conduit en honnête homme et qu'il a fait son devoir, parce qu'il a aimé Dieu et qu'il a voulu le servir ; et maintenant l'heure de la récompense est arrivée, cette heure dont nous lui avons tant parlé, où il va entrer pour l'Eternité dans la paix, dans le repos et dans le bonheur, et voilà pourquoi son visage est déjà radieux, pendant que le prêtre, à genoux près de lui, dit d'une voix lente et grave : « Partez de ce monde, âme chrétienne, au nom de Dieu le Père tout-puissant qui vous a créé, au nom du Fils qui a souffert pour vous, au nom du Saint-Esprit qui est descendu sur vous ! » (Vifs applaudissements.)

N'est-ce pas que voilà bien une autre morale que celle de tout à l'heure, et que, tout humble que je puisse être à côté du grand orateur et du célèbre philosophe, le remède que e propose aux maux de l'humanité vous semble plus efficace que le sien ?

Pour moi, j'ai du moins l'espoir que ma parole n'est point tombée *comme une pierre dans l'abîme, et qu'il ne se fera pas ensuite une éternelle immobilité* ! Car la doctrine que je vous apporte n'est pas de moi; et quand ma voix aura fini de résonner à vos oreilles, vous pourrez oublier mon nom, vous pourrez oublier même le nom de l'œuvre à laquelle j'appartiens, mais vous vous souviendrez de ce que c'est qu'un chrétien, vous vous souviendrez de ce que c'est que Dieu, et vous saurez que notre devoir aux uns et aux autres est de tendre de toutes nos forces vers ce Dieu, qui est notre fin dernière.

Voilà, Messieurs, ce qui distingue la doctrine des deux œuvres qui nous occupent. Je vous laisse le soin de conclure et de choisir.

II.

Mais ce n'est pas assez, avons-nous dit, pour juger une œuvre, de connaître sa doctrine, il faut encore examiner ses effets. C'est la seconde partie de ce discours.

Le Cercle Franklin, vous a-t-on dit, sera *« une école libre de convictions libres. »* (1)

J'ai longuement médité sur cette parole ; j'ai cherché avec bonne foi, au fond de ma conscience, ce que pouvait être une *école libre de convictions libres*, je le cherche encore, et je vous avoue que, jusqu'ici, je n'ai point trouvé, ou plutôt je crains d'avoir trop bien compris.

Qui dit école suppose un enseignement ; car une école est faite pour enseigner : qui dit enseignement suppose la présence d'un maître, d'un professeur, de quelqu'un, en un mot, qui fait l'école aux autres. Qu'est-ce donc que le

---

(1) Discours de M. Siegfried à l'inauguration du Cercle Franklin.

maître va enseigner dans votre école? Des convictions libres? Mais comment s'y prendra-t-il pour cela?

Pour enseigner, il faut savoir ce qu'on veut enseigner; il faut en outre y croire, ou du moins faire semblant d'y croire : il faut donc avoir une conviction, ou l'apparence d'une conviction. Or, comment ce même homme peut-il avoir à la fois les convictions de tout le monde? cela me paraît impossible Il enseignera donc la sience; mais alors ce ne sera plus une école de convictions libres — ou bien il faudra que, chaque jour, vous changiez de professeur. Aujourd'hui ce sera vous, demain ce sera moi, après-demain ce sera un troisième et chacun viendra. à son tour, enseigner sa conviction propre.

Mais, parmi toutes ces convictions, il est possible qu'il y en ait une qui s'implante dans l'esprit des élèves — et je suppose que tout au moins le professeur désirera qu'il en soit ainsi, — et, dès lors les convictions, ne seront plus libres. Que si au contraire, vous ne voulez pas qu'il en soit ainsi, et que l'une des doctrines finisse par prédominer, alors pourquoi une école, pourquoi un enseignement puisqu'en définitive vous tenez à ne convaincre personne ?

Ah! Messieurs, j'ai peur, comme je vous le disais en commençant, d'avoir trop bien compris et qu'il n'eut fallu dire que le Cercle est une école où l'on n'enseigne pas de convictions. (Vives marques d'approbation et applaudissements.)

Mais alors, puisqu'il s'agit surtout du peuple, vous serez donc un peuple qui n'aura pas de convictions ? Or, remarquez bien que ce mot de conviction ne s'entend pas seulement de la croyance à telle ou telle religion; cela s'entend de toutes les croyances qui pénétrent le cœur. Et ce peuple qui viendra dans votre cercle, vous ne lui enseignerez rien, il ne croira à rien ? Quoi ! pas même à la Patrie, pas même au devoir de verser son sang pour elle, pas même à la justice, ni au dévouement ! Mais, que pensez-vous que devienne un tel peuple ? Croyez-vous qu'il puisse ainsi faire de bien grandes choses ? Et, si, par hasard, au fond de ces cœurs, une conviction venait à se former malgré vous ; car enfin cela est possible, et puisque les convictions seront libres, un de ces hommes pourra en avoir une par lui-même. Eh bien, supposez qu'un jour où vous n'y serez pas, cet homme monte dans la chaire du professeur et exprime sa conviction. Supposez que cet homme soit éloquent — cela se voit dans les rangs du peuple — Il se met à prêcher à ses camarades. Or il se trouve que sa doctrine est une doctrine anti-sociale et anti-religieuse: il ne croit pas à Dieu : il le nie; il affirme qu'il n'est lui-même que matière et le produit du hasard; il ne croit pas à la Patrie non plus; il dit qu'on doit abolir les frontières qui séparent les peuples et les confondre dans une grande fraternité internationale; supposez enfin que cet homme, avec ce langage, vienne à convaincre ses auditeurs ? Est-ce que vous vous direz : Nous avons réussi ! Non ! Vous

vous effraierez, et vous vous hâterez de fermer la porte du Cercle ; car vous penserez, avec raison, que les passions allumées dans ces cœurs pervertis par une funeste doctrine, vont devenir, pour la société, la source d'un grand péril.

Eh bien, mais alors, cette œuvre qui devait améliorer la condition morale, que devient-elle ? Ne pensez-vous pas qu'elle a singulièrement manqué son but ?

Ah ! laissez-moi vous le dire, sans même aller jusqu'à ces extrémités, je ne crois pas que vous fassiez ainsi ce que vous voulez faire. Je ne crois pas qu'avec des hommes sans convictions déterminées, vous fassiez des citoyens ; je ne crois pas que vous en fassiez des soldats.

Des soldats, ai-je dit : Messieurs, sur ce sujet, je ne vous ferai pas de longues phrases, car je suis sûr que, du premier coup, je vais vous convaincre.

Il y a ici, près de moi, des hommes qui me pardonneront de leur faire appel ; car il n'y a pas longtemps encore, j'avais, comme eux, l'honneur de porter une épée, et si j'ai dû la déposer pour conserver la parole, j'ai, du moins, retenu du métier des armes le cœur et la voix d'un soldat ! (Sensation. — Applaudissements.)

Je m'adresse donc à ces hommes et à tous ceux d'entre vous qui ont connu les émotions du champ de bataille, et je leur demande : quand vient l'heure solennelle où l'on est à deux pas de l'ennemi, où il faut, sans phrases, se retourner vers ses hommes et leur faire comprendre, d'un regard, d'un geste, que la mort est là devant eux, entourée, sans doute, d'une auréole de gloire, mais qu'enfin c'est la mort, et qu'il faut être prêt à l'accepter, je leur demande s'ils pensent qu'à cette heure-là ils auront quelque prise sur des soldats qui n'ont point de convictions, et s'ils ont pu lire dans les yeux de ces hommes qu'ils ne croient ni à la Patrie, ni au dévouement, ni à l'abnégation, ni à la vie éternelle, je leur demande s'ils auront confiance en eux, et s'ils pourront les entraîner sur cette route, qu'il faudra joncher de leur corps avant d'atteindre la position d'où dépend peut-être le salut de la France ! (Mouvement.)

Pour moi, je sais le contraire, je le sais par expérience et je le sais aussi par les exemples et les leçons de mes devanciers. Il n'y a pas de bons soldats sans convictions, et les meilleurs sont ceux qui ont les convictions les plus fortes. Comme vous, j'ai lu avec passion l'histoire de notre grande et lamentable guerre, et de tous ces récits, marqués à chaque ligne du sang de nos soldats, un d'entre eux, surtout, est resté dans ma mémoire comme le plus grand fait d'armes de cette époque : c'est la grande charge des volontaires de l'Ouest à Patay ! Or, ces hommes, qui savaient si bien mourir, étaient, dans toute l'armée, ceux dont la foi était la plus profonde et qui croyaient le plus à Dieu et à l'Eternité ! (Applaudissements et bravos.)

Messieurs, l'heure est grave ; et le lendemain n'est à aucun de nous. Nous vivons dans un temps où les destinées de la Patrie sont chaque jour mises en question et nul de nous ne sait si, demain, il ne lui faudra pas reprendre une épée. Nous n'avons pas le temps de discuter sur la liberté des convictions ; il nous faut, et au plus vite, former des hommes, et des hommes qui sachent bien mourir. Or, je vous le répète, on n'a point le mépris de la mort, quand on ne croit à rien ! (Nombreux applaudissements.)

En jugeant la doctrine de nos adversaires, j'ai dit ce qu'était la nôtre.

Il a plu à Dieu d'aller chercher dans les camps les premiers serviteurs de notre œuvre, et c'est sans doute qu'il voulait, par leurs leçons, préparer des défenseurs à la Patrie pour les combats de l'avenir. Nous ne faillirons point à notre tâche. Sans doute, nous voulons, et avant tout, sauver les âmes de ces ouvriers que nous appelons à nous, mais nous voulons aussi en faire des soldats, et travailler pour la France en jetant dans ses armées, quand le jour viendra, des hommes à fortes et fermes convictions. Quand nous allons dans nos Cercles, nous n'y tenons donc pas école de convictions libres ; nous y enseignons, nous, qu'on doit croire en Dieu et qu'on n'a pas le droit de ne pas y croire ! (Applaudissements.) Nous y enseignons qu'on doit croire à la France, et si quelqu'un venait nous dire : « Ma conviction, à moi, c'est qu'il ne doit pas y avoir de frontières entre les peuples, » nous le mettrions, sans hésiter, hors de notre école ! (Applaudissements.)

Messieurs, le Cercle Franklin ne sera pas seulement une école libre de convictions libres, il sera aussi une écolesupérieured'enseignement.

Ici, nous sommes absolument d'accord. Oui, il faut refaire l'enseignement du peuple, et pour cela détruire dans son esprit toutes les erreurs qui y ont été accumulées par une histoire mensongère ; il faut élever, agrandir son esprit par l'amour du beau dans les lettres, dans les arts, dans les sciences ; il faut l'aider, dans son travail, en développant son instruction professionnelle.

Nous souscrivons à tout cela et nous essayons de le faire aussi dans nos Cercles. Allons-nous donc, enfin, nous rencontrer sur ce terrain ?

Hélas ! je crains qu'il n'en soit rien.

Si nous avions pu nous tenir au programme que je viens d'exposer, peut-être aurions-nous pu nous entendre, et, du moins, ici, confondre nos efforts. Mais, M. Jules Simon, au cours de son discours, a prononcé une parole qui nous donne à réfléchir. Pendant qu'il célébrait toutes les belles, grandes et utiles choses qui se sont faites dans votre Ville pour l'ouvrier, et surtout pour le développement de son instruction, il a cité, entre autres, avec éloges, une *Ligue Havraise de l'Enseignement qui a fait parler d'elle, qui est connue au dehors, qui s'est toujours montrée en disposition d'agir.*

Messieurs, je vous avoue que je me suis arrêté court sur ce point.

Il y a ici une question tout-à-fait grave, et il importe de dire nettement les choses :

Je suis, je veux être persuadé que tous ceux qui mettent leur confiance, pour l'éducation du peuple, dans cette Ligue de l'Enseignement, ignorent ce qu'elle est : et je crois qu'il est de mon devoir de le dire ici, afin d'éclairer, s'il se peut, les hommes de bonne foi, qui la croyent fondée dans le but de favoriser le développement intellectuel du peuple ; je crois, dis-je qu'il est de mon devoir de leur dire bien haut que cette Ligue de l'Enseignement est aux mains de la franc-maçonnerie, c'est-à-dire des ennemis déclarés du christianisme.

Et ce que je dis, je vais vous le prouver, non par des phrases, mais par des faits et des citations textuelles.

La Ligue de l'Enseignement, vous le savez peut-être, n'est pas née d'hier, et elle n'a pas apparu, pour la première fois, dans votre ville. Remontons donc, pour la connaître, aux premiers jours de son origine.

En 1869, Mgr l'évêque d'Orléans adressait aux curés de son diocèse une lettre dont j'extrais les principaux passages :

«Messieurs,

»Un journal que je ne veux pas nommer »vient, pour la seconde fois, et c'était déjà »trop d'une première, d'entretenir les Orléa-»nais de la Ligue de l'Enseignement, et il »leur propose de l'introduire à Orléans. Puis-»que cette Ligue vient nous chercher jusque »chez nous, je dois m'en occuper de nouveau. »Il m'est, certes, pénible de rentrer dans ces »luttes ; mais je suis attaqué, je me défends. »Du reste, pour vous éclairer sur ce qu'est »cette Ligue, je n'aurai qu'à vous en redire »l'histoire.

»Vous vous tromperiez, si vous la jugiez d'a-
»près le nom qu'elle se donne.

»Ce n'est point une Ligue pour l'enseigne-
»ment ; c'est une Ligue contre la religion.
»Son nom n'est qu'un masque pour cacher
»son but. L'enseignement c'est le masque ;
»l'irréligion, l'antichristianisme, c'est le but.
»Mais le masque fait des dupes qui deviennent
»des complices d'un détestable but.

»Quelle est donc son origine ?

»Cette Ligue, que Mgr l'évêque de Metz a
»dénoncée l'année dernière dans un coura-
»geux mandement, a été importée de Belgique
»en France par les francs-maçons et les soli-
»daires...

»Il n'est pas douteux, écrit Monseigneur de
»Metz, que cette Ligue ne se rattache par son
»inspiration, par son esprit, par son principal
»fondateur et organisateur, à une Ligue sem-
»blable créée, il y a quelques années, en Belgi-
»que, à l'usage des solidaires et introduite
»ou essayée en Alsace en 1866. Du reste, le
»fondateur l'a déclaré lui-même dans une réu-
»nion générale d'un des *Cercles de la Ligue*, à
»Metz. »

Il paraît qu'il y a des Cercles fondés par cette
Ligue. Poursuivons :

« Il revenait d'une assemblée tenue en Bel-
»gique et c'est, dit-il, dans le deuxième bulle-
»tin de la Ligue (1868), après avoir assisté à
»Liége à une séance de la Ligue d'enseignement
»belge, qu'il prit la résolution de provoquer en
»France une Ligue *analogue.*

»L'origine solidaire et l'intention maçonni-

»que de la Ligue ne sont donc pas douteu-
»ses.. »

Témoin, en effet, le langage des journaux
franc-maçons et, en particulier, du *Monde maçonnique*, l'un des organes officiels de la franc-
maçonnerie, qui écrit en février 1867 :

« Les Maçons..... doivent adhérer *en masse*
»à la Ligue *bienfaisante* de l'Enseignement, et
»les *Loges* doivent étudier, dans la paix de leurs
»temples, les meilleurs moyens de la rendre ef-
»ficace, Les *principes que nous professons sont en*
»*parfait accord avec ceux qui ont inspiré le projet*
»du F.·. Macé.»

Et pour qu'aucun doute ne puisse rester
dans notre esprit, voici ce que le *Frère* Jean
Macé, le fondateur de la Ligue, se charge lui-
même de compléter la lumière. Il écrit, en effet, dans le Bulletin de la Ligue, en 1870 :

« Loin de renier le concours des Loges, je
»l'avais invoqué, réclamé moi-même, par la
»raison toute naturelle que *l'œuvre de la Ligue*
»*est bien réellement la mise en pratique des prin-*
»*cipes proclamés dans les Loges* : l'exécution de
»l'engagement que l'on prend en y entrant de
»travailler à éclairer les hommes pour les ren-
»dre meilleurs. C'est là tout le mystère, qui.
»n'en est plus un depuis longtemps. *C'est pour*
»*cela, je puis bien le dire, que je me suis fait franc-*
»*maçon.* Je suis heureux de pouvoir constater
»aujourd'hui, par des chiffres encore cette
»fois, que les Loges m'ont donné raison. La
»liste de celles qui, depuis l'annonce de ce
»Bulletin, ont envoyé leur adhésion et leur
»souscription à l'œuvre de tout le monde, est

»assez longue déjà, pour qu'il soit bien avéré
»que la franc-maçonnerie est favorable à la
»Ligue. »

Messieurs, je pourrais accumuler les citations
du même genre : ce serait abuser de votre pa-
tience, et vous pouvez facilement compléter
vous-mêmes les indications que je vous donne.

Celles-ci, d'ailleurs, me paraissent déjà établir suffisamment que la Ligue de l'Enseignement est d'origine maçonnique, qu'elle fait
adhésion aux principes de la franc-maçonnerie
et que, dès lors, son enseignement s'en inspi-
rera nécessairement.

Voyons donc quels sont, en matière d'ensei-
ment, les principes de la franc-maçonnerie et,
pour éviter toutes chances d'erreur, cherchons-
les dans ses propres déclarations.

J'extrais d'une séance de la *Loge des amis de
l'ordre (Orient de Paris)*, (mai 1870), la profes-
sion de foi suivante :

« Quelle éducation un maçon doit-il donner
»à ses enfants ? Tous les orateurs se sont mon-
»trés partisans d'une *éducation libre, laïque et
»indépendante de l'étroitesse de l'enseignement re-
»ligieux.* »

Et dans la même séance, le Frère Charpen-
tier s'écrie :

« Plus de cette instruction qui commence
»par l'Histoire-Sainte et finit par le miracle de
»la Salette ! Cette méthode d'élever nos en-
»fants a trop duré. Il est temps, grand temps
»qu'elle finisse pour faire place à cette lumi-
»neuse école du bon sens et de la vérité, où
»l'on procède par *l'étude de la nature , de ses*

»*lois, de ses propriétés, des immenses profits que*
»*l'homme peut en tirer, pour son bien-être, sa*
»*santé, la satisfaction de ses légitimes besoins ma-*
»*tériels.* »

Et pour achever de bien nous fixer, voici ce qu'écrivait, en janvier 1870, le *Monde Maçonnique* :

« La franc-maçonnerie, comme le disait der-»nièrement notre cher Vén. . ·., c'est le pro-»grès sous toutes les formes..... Elle nous »apprend qu'il n'y a qu'une seule religion, »une vraie et, par conséquent une seule natu-»relle : le culte de l'humanité.....

De tous côtés : Oh! oh!

M. LE COMTE ALBERT DE MUN : Attendez, Messieurs.

»...Car, mes Frères, ce mythe, cette abstrac-»tion, qui, érigée en système, a servi à former »toutes les religions, Dieu n'est autre chose »que l'ensemble de tous nos instincts les plus »élevés, auquel, détachant de nous-mêmes ce »que nous avons de plus noble, nous avons »donné un corps, une existence distincte. Ce »Dieu n'est enfin que le produit d'une concep-»tion généreuse, mais erronnée de l'humanité, »qui s'est dépouillée au profit d'une chimère. »Rendons à l'homme ce qui lui appartient, et »le culte que nous avons attribué à l'œuvre, »reportons-le à son auteur. »

En sorte que, si c'était moi qui vous tenais ce langage, je n'aurais plus qu'une chose à vous dire : ce serait de vouloir bien vous met-tre à genoux pour m'adorer. (Rire général.)

Ah! ne rions pas, Messieurs! Ceci est un des

plus grands dangers de notre époque, et pour vous donner toute ma pensée, quoi qu'en puissent dire les partisans de la religion naturelle, je vous déclare que, dans ma conviction, la franc-maçonnerie est un suprême effort de Satan contre Jésus-Christ. Ce n'est pas ici le lieu de vous en parler longuement : mais je croirais manquer à mon devoir si je laissais passer, sans la saisir, l'occasion de dénoncer un péril que je crois capital, et d'autant plus grand, qu'il s'abrite sous les dehors d'une fausse bienfaisance, qui séduit trop souvent les honnêtes gens. Je le répète, c'est l'esprit du mal avec toutes ses astuces, mais aussi avec tous ses blasphèmes. Aussi, quand vous entendez rapporter une de ces horribles paroles que je vous citais tout à l'heure, je vous en prie, ne riez pas et prenez-les bien au sérieux... à moins que vous n'aimiez mieux, et peut-être, au fait, avez-vous raison, à moins que vous n'aimiez mieux, pour l'honneur de votre Pays, rire que vous indigner, quand de pareilles imprécations se formulent dans votre langue, et croire que ceux-là sont plutôt des insensés que des criminels, qui osent proférer des doctrines aussi contraires aux plus simples notions du vrai, du juste et de l'honnête. (Applaudissements répétés.)

Voilà donc les principes de la franc-maçonnerie.

Nous avons vu tout à l'heure que ce sont ces principes qui inspirent la Ligue de l'Enseignement.

La conclusion est facile à tirer : donc la

Ligue de l'Enseignement professe, ou du moins ne repousse pas les doctrines et les idées, dont je viens de vous faire l'exposé.

Ici, Messieurs, je m'arrête ; j'en ai dit assez, en effet, pour vous faire comprendre pourquoi l'enseignement qui se donnera au Cercle Francklin nous inspire de graves inquiétudes.

Je ne parle plus ici seulement en catholique et aux catholiques : je m'adresse à tous les hommes honnêtes, préoccupés du salut de leur pays, à tous ceux qui croient en Dieu et à l'immortalité de leur âme, à tous ceux qui pensent qu'il faut au peuple un enseignement religieux et je leur dis : « Vous vous êtes trompés, si vous avez cru un instant que la Ligue de l'Enseignement allait donner aux ouvriers l'enseignement que vous souhaitez : examinez-là de près,et vous serez convaincus que vous ne pouvez pas, que vous ne devez pas vous y associer. »

Sans doute, ceux qui ont fondé, ceux qui préconisent l'œuvre que je combats, n'ont point l'intention d'arriver aux extrémités que j'ai signalées. Mais il en ira ici comme de la doctrine rationaliste dont j'ai indiqué, dans la première partie de ce discours, les conséquences fatales. Vous voudrez vous arrêter et vous ne le pourrez pas : vous êtes sur une pente qui vous entraînera malgré vous, et de professeur en professeur, vous en arriverez ensuite, par la force des choses, dans un enseignement sans religion, à laisser donner à vos ouvriers la célèbre définition de l'homme, du *Dictionnaire des Sciences médicales* : « L'homme

»est un animal .mammifère, de l'ordre des
»primates, famille des bimanes, caractérisé
»taxinomiquement par une peau à duvet et à
»poils rares, etc...» (Rires.)

J'ai dit ce que, selon nous, il fallait penser de
l'école d'enseignement de nos adversaires : vous
me pardonnerez de ne point faire ici la contre-
partie. J'ai à peine besoin, en effet, de vous dire
que nos Cercles sont aussi des écoles d'enseignement, mais qu'on ne s'appuie pas sur les
mêmes doctrines. Nous aussi, nous nous ap-
puyons sur une ligue, et c'est la ligne de l'enseignement chrétien, ligue qui n'existe pas
dans les faits, mais qui est toute formée dans
les cœurs, ligue ouverte et où nous appelons
tous ceux qui ont à cœur le salut des ouvriers,
ligue de l'honnêteté contre ce qui n'est pas
honnête, de ceux qui croient en Dieu, contre
ceux qui n'y croient pas ; de ceux qui respec-
tent l'histoire de la France, contre ceux qui la
dénaturent ; de ceux, enfin, qui aiment leur
Patrie, contre ceux qui prêchent la Patrie cos-
mopolite ! (Applaudissements.) C'est, enfin, la
grande ligue de l'honnêteté française ! (Applaudissements.)

Il nous reste, Messieurs, à examiner un
troisième effet des œuvres qui nous occupent.

On vous a dit que le Cercle Franklin déve-
lopperait parmi les ouvriers la pratique de
l'association.

Nous applaudissons, Messieurs, à cette pensée ;
car, nous aussi, nous sommes épouvantés de la
désagrégation sociale, et de cette plaie de l'in-
dividualisme créée, dans notre Pays, depuis

tantôt un siècle, par la révolution française; nous aussi nous pensons que le besoin d'association est un besoin légitime; que nos Cercles, en répondant à ce sentiment, qui est au fond du cœur de tous les ouvriers, doivent leur donner un moyen de le mettre en pratique.

Si donc nous sommes pleinement d'accord, il convient cependant que nous nous entendions bien sur ce mot d'association : car c'est un besoin si impérieux dans le cœur de l'homme, que les ouvriers en ont toujours cherché la satisfaction et que, de cet effort trop souvent mal dirigé, sont sorties bien des associations qu'aucun de nous, assurément, ne voudrait encourager. Votre pensée vient au-devant de la mienne, et il n'est pas besoin, pour me faire comprendre, que je vous rappelle cette association internationale des travailleurs, qui a fait les choses que l'on sait. Assurément, ce n'est pas une association de ce genre que nous voulons rétablir, ni les uns ni les autres, et je n'ai besoin pour le prouver que d'un seul argument : c'est qu'elle est condamnée par les lois françaises. Respectueux, comme nous le sommes tous, des lois de notre pays, aucun de nous ne voudrait sans doute ériger une école d'insurrection contre ces lois, et reconstruire une seconde fois cette association que l'Assemblée nationale, dans un jour de légitime indignation, a flétrie aux yeux de l'Europe tout entière. (Marques d'approbation.)

J'ai donc cherché longtemps dans le discours de M. Jules Simon ce que, selon lui, devraient être les associations ouvrières, et je ne l'ai point trouvé. Mais, en revanche, j'ai trouvé ce qu'elles ne seraient pas, et ce sera peut-être le moyen de nous éclairer,

Sur ce point, l'orateur a bien voulu égayer ses auditeurs avec certains souvenirs. Les associations auxquelles on convie les ouvriers ne seront assurément pas, a-t-il dit, celles d'autrefois; avant tout, elles seront conformes à l'esprit de 89, et on ne cherchera pas à revenir à ces traditions du passé, vers lesquelles certains hommes voudraient ramener les ouvriers. En un mot, on fuira tout ce qui pourrait rappeler les anciennes corporations.

L'orateur a, sur cette question, une opinion arrêtée et j'espérais qu'après avoir ainsi sommairement condamné toute l'organisation du travail de nos pères, il allait donner, de son jugement, quelques fortes raisons. Or, à l'appui de cette assertion que les corporations étaient de funestes institutions, j'ai trouvé ce seul fait qu'il y avait jadis des corporations de fripiers qui travaillaient dans le vieux, et des corporations de tailleurs,qui travaillaient dans le neuf (sourires).

Je suis obligé de l'avouer,cela ne m'a pas paru concluant et l'argument m'a semblé insuffisant pour justifier cette haine du passé, qu'on s'applique à allumer dans le cœur des ouvriers.

Je dis qu'on s'applique à l'allumer, parce que je prétends qu'elle n'y est pas naturellement, qu'elle n'y a été à aucune époque et qu'elle n'y est pas encore aujourd'hui. Je prétends que l'édit proposé par Turgot en 1776, fut l'œuvre d'une coterie d'économistes et non pas un grand acte de justice réclamé par toutes les classes laborieuses; qu'en le présentant à un roi, passionné pour le bien de ses peuples, on a trompé son cœur et qu'au lieu d'avoir été accueillie par des transports d'allégresse, la suppression des corporations a rencontré d'ardentes et presque unanimes protestations : je prétends encore que, lorsque la Constituante reprît en 1791, sous une forme plus complète encore, l'édit qu'on avait été forcé de rapporter, elle fit un acte arbitraire dont rien ne légitimait la brutalité, et que les motifs invoqués, dans son rapport, par le constituant Chapelier, pour justifier l'abolition radicale du régime corporatif, ne répondaient pas aux vœux de la majorité des artisans. Je sais que beaucoup d'abus s'étaient introduits dans les corporations et qu'à beaucoup d'égards, des réformes étaient nécessaires : mais quelle est donc l'institution humaine qui échappe aux abus, surtout quand elle a traversé les siècles, et pense-t-on qu'il n'y en a point dans l'organisation actuelle du travail ? Et parce que certaines réformes pouvaient être nécessaires, était-on fondé à supprimer d'un seul coup l'institution elle-même et à faire des lois pour en empêcher le rétablissement ? Etait-on fondé, pour détruire des priviléges peut-être excessifs, à condamner le principe lui-même, et à détruire brusquement toutes les anciennes garanties du travail, sans rien mettre à leur place, que la concurrence la plus effrénée ? Je répète que ce fut là un acte de violence,et que la Révolution a traité la question ouvrière comme toutes les autres, avec une orgueilleuse ignorance.

Je n'ai pas la prétention de venir faire ici une conférence sur la matière : mais il y a,cependant, dans mes paroles, un point sur lequel je veux insister. J'ai dit que la haine du régime corporatif n'est pas dans le cœur des ouvriers, et je vous apporte, à l'appui de ma proposition, d'irréfutables arguments. Ce sont d'abord les rapports faits par les ouvriers délégués à l'Exposition de Londres de 1852, sur chacun des corps de métiers. C'est, Messieurs, une lecture instructive. Les rapports sont tous divisés en deux parties ; la première contient un examen des objets exposés ; la seconde est intitulée : *Vœux et Aspirations.* Or, ce titre se complète presque toujours ainsi : « *Vœux de la corporation... Aspirations de la corporation.*»

Carossiers, selliers, typographes, fondeurs en cuivre, etc., tous ces ouvriers appellent eux-mêmes l'ensemble de leur métier une corporation, et ce fait n'est déjà pas, ce me semble, une grande présomption en faveur de l'horreur que, nous dit-on, le mot lui-même leur inspire.

Mais il y a plus : je ne crois pas qu'il y ait un seul de ces rapports dans lequel ne soit pas très nettement exprimé le vœu d'un retour aux institutions corporatives ; il faut, disent-ils presque tous, en finir avec ces dissensions éternelles entre patrons et ouvriers; il faut que nous puissions nous réunir en corporations ouvertes, qui rappellent celles du passé.

Voilà le vœu que vous voyez formuler dans la plupart de ces rapports.

Vous vous rappelez, Messieurs, ce qui est sorti de là. Il y avait eu une grande manifestation en faveur d'une conciliation entre les patrons et les ouvriers, en faveur d'un retour au régime corporatif. Elle fut malheureusement étouffée par d'autres préoccupations, et alors, quelques hommes, de ceux sans doute qui ont voué au passé une haine implacable, s'emparèrent en la dénaturant, de l'idée émise par les ouvriers, pour la transformer en une grande pensée d'association secrète et internationale. Trompés dans leurs espérances, mais affamés du besoin d'association, les ouvriers se jetèrent à corps perdu dans celle qu'on leur offrait et qui devait les conduire à leur perte.

Mais l'instinct, ou si vous voulez, la tradition corporative continua de vivre au fond de leur cœur. M. Corbon, ancien ouvrier lui-même, l'avait déjà constaté dans un livre célèbre. Il nous apprend que le souvenir des *corporations* détruites par la Révolution française est cher aux classes ouvrières qui les regrettent encore :

« Dès 1789, dit-il, ce regret s'exprimait sous »forme d'une coalition générale de tous les »corps de métier. Les masses laborieuses »voyaient déjà les inconvénients du laisser-»faire, tandis que la classe des entrepreneurs »profitait des bienfaits du nouveau système. »Le temps n'a point changé sensiblement les »opinions des deux classes.

»En ce qui regarde les masses laborieuses,
»le regret d'une institution qui avait, à leurs
»yeux, un caractère protecteur, ne veut pas
»dire toutefois que la corporation rêvée par
»eux serait de tous points organisée comme
»l'était l'ancienne.

»Quoi qu'il en soit, de tous les systèmes ten-
»dant à organiser le travail, celui qui donne-
»rait une existence légale à la corporation se-
»rait celui qui répondrait le mieux au senti-
»ment des ouvriers, et j'ajoute que, là où cette
»institution est le plus vivement désirée, le
»plus hautement demandée, se trouvent préci-
»sément les travailleurs dont l'intelligence est
»le plus exercée et qui sont les plus ardents
»partisans du progrès démocratique.»

De toutes parts, en effet, depuis quelques
années, un mouvement irrésistible se prononce
dans la classe industrielle, vers la forme corporative. L'institution des chambres syndicales,
où malheureusement les patrons sont séparés
d'avec les ouvriers, en est un symptôme frappant et la lecture de la quatrième page du
Rappel est, à cet égard, digne du plus grand
intérêt. (On rit.)

De tous côtés, il se lève des hommes qui
protestent contre l'acte de 1791 et contre la
flétrissure infligée aux corporations d'autrefois. Au premier rang, parmi eux, laissez-moi
vous nommer un industriel parisien qui n'a
pas, je le crois, les mêmes convictions reli-
gieuses que nous, et qui s'est voué, cependant, au nom des intérêts mêmes du travail,
à la tâche difficile de prêcher le retour au ré-

gime corporatif. M. Mazaroz a écrit des livres pour réfuter l'édit de Turgot et les considérants de la loi de 1791; pour expliquer comment et pourquoi les corporations doivent être rétablies, dans *la Revanche de la France par le travail*, je relève ce passage, assurément frappant dans sa bouche :

«*Les chambres syndicales sont la semence des* »*corporations.*

»*Si les corporations du vieux temps avaient été* »*ouvertes, il n'y aurait qu'à les rétablir purement* »*et simplement, ou plutôt personne, en 91, n'au-* »*rait pu produire un argument contre elles.*»

Et comme M. Mazaroz a envoyé son livre à toutes les Chambres syndicales d'ouvriers, il a reçu d'elles, entre autres, deux réponses que j'offre à vos méditations :

TYPOGRAPHIE PARISIENNE

—

Chambre Syndicale	*Paris, 9 décembre 1875*
des	

IMPRIMEURS ET CONDUCTEURS

—

SIÉGE SOCIAL
Rue de la Harpe, 9.

Monsieur,

Le Syndicat des imprimeurs et conducteurs typographes de Paris a l'honneur de vous adresser ses remercîments pour l'envoi que vous lui avez fait de votre premier volume : **La Revanche de la**

France par le Travail, *ainsi que du premier chapitre (nous n'avons pas reçu le deuxième) et troisième du deuxième volume du même ouvrage.*

Il vous remercie, Monsieur, non-seulement de votre gratitude à son égard, mais aussi pour le talent, le courage et l'intérêt que vous portez au travail et aux travailleurs de toutes les corporations.

Cet ouvrage, Monsieur, devrait, à notre avis, pour qu'il portât rapidement de bons fruits, être possédé par tous les travailleurs, car le plus grand nombre aujourd'hui, n'ayant pas entre les mains les moyens de comparaisons sur ce sujet, ignore les bienfaits et la grandeur de cette sublime institution.

Recevez, Monsieur, nos salutations respectueuses.

Pour le syndicat,

Signé : **VASSEUR**, président.

II.

SYNDICAT
des
OUVRIERS TAILLEURS
DE PARIS
—
UNION
CONCILIATION ET SOLIDARITÉ.

Paris, 11 décembre 1875.

Monsieur Mazaroz,

Je viens au nom de la Chambre syndicale des tailleurs de Paris, vous adresser nos plus vifs remercîments pour l'envoi que vous nous avez fait de votre excellent ouvrage intitulé : **DES CHAINES DE L'ES-CLAVAGE MODERNE.**

Nous avons lu avec autant de plaisir que d'intérêt votre exposé si lucide, par lequel vous démontrez d'une façon irréfutable que la Révolution de 89 a été plus nuisible qu'utile aux véritables intérêts du travail, et que l'application des théories de Turgot n'a servi, en détruisant les corporations, qu'à isoler le malheureux qui, depuis cette époque, est dans une **CONDITION PIRE QU'AU MOYEN-AGE,** *car si, en ce temps, il ne jouissait pas de la liberté illusoire d'aujourd'hui, il avait au moins la sécurité du lendemain, car l'existence du serf était au moins garantie par son seigneur.*

Vous demandez le rétablissement de ces corporations, sans les abus d'autrefois : nous applaudissons de cœur à vos efforts, et c'est justement aussi **CE QUE VEULENT LES CHAMBRES SYNDICALES CORPORATIVES.**

J'ai fait recevoir un article qui paraîtra dans le prochain numéro du **Bulletin du mouvement social.**

Cet article est intitulé : **La Loi de l'offre et de la demande dans le travail.**

Je vous adresserai ce numéro, et vous verrez à la lecture de mon écrit combien nous sommes du même avis.

Agréez, je vous prie, Monsieur, l'expression de mes meilleurs sentiments.

Signé : JULIEN DUPIRE.

P.-S. — Je vous serais bien reconnaissant si vous vouliez me faire remettre un exemplaire complet de votre ouvrage: **Les Chaînes de l'Esclavage moderne**.

J'arrête ici, Messieurs, ces citations qui me paraissent suffisantes pour établir tout au moins que les corporations d'autrefois ne sont pas chez les ouvriers l'objet d'une malédiction générale et qu'elles méritaient mieux, de la part d'un orateur sérieux, qu'une plaisante allusion à la rivalité des tailleurs et des fripiers.

Est-ce à dire que notre œuvre se propose directement de reconstituer les corporations du passé? Nous n'avons pas à cet égard, Messieurs, une théorie arrêtée à l'avance. Mais, prêtant l'oreille à ces réclamations universelles en faveur du régime corporatif, convaincus d'ailleurs, par l'observation des faits et par le témoignage des hommes du métier, que la désagrégation des élémens qui composent la société est un obstacle absolu à la prospérité morale et matérielle de la classe ouvrière, pénétrés de respect pour le passé de la France et pour toutes ses gloires, remplis d'admiration pour les vieilles coutumes de nos pères, et persuadés que la Révolution française, en les abolissant, a fait une œuvre funeste, nous travaillons avec persévérance à reconstruire les fondements qui avaient porté, pendant des siècles, l'édifice de la grandeur nationale. Ces fondements, Messieurs, c'étaient la Foi et la Charité, double et nécessaire ferment de toutes les corporations. Un homme que nul ne saurait accuser de partialité à notre endroit, M.

Louis Blanc, nous révèle. dans une page éloquente, cette force de l'antique organisation du travail.

« Lorsque, dit-il, rassemblant les plus anciens »de chaque métier, Etienne Boileau fit écrire »sur un registre les vieux usages des corporations, le style même se ressentit de l'influence »dominante de l'esprit chrétien.............
....
»Et, si, en pénétrant au sein des jurandes, on »y reconnaît l'empreinte du christianisme, ce »n'est pas seulement parce qu'on les voit dans »les cérémonies publiques promener solennellement leurs dévotes bannières et marcher »sous l'invocation des saints du Paradis. Ces »formes religieuses cachaient les sentiments »que fait naître l'unité des croyances. *Une passion, qui n'est plus aujourd'hui dans les mœurs ni »dans les choses publiques, rapprochait alors les »conditions et les hommes : la charité.* L'Eglise était »le centre de tout ; autour d'elle, à son ombre »s'asseyait l'enfance des industries. Elle marquait l'heure du travail, elle donnait le signal »du repos. Quand la cloche de Notre-Dame ou »de Saint-Merry avait sonné l'*Angelus,* les métiers cessaient de battre, l'ouvrage était suspendu, et la cité, de bonne heure endormie, »attendait le lendemain que le timbre de l'abbaye prochaine annonçât le commencement »des travaux du jour.

»Sans doute, on ne connaissait point alors »cette fébrile ardeur qui enfante quelquefois »des prodiges, et l'industrie n'avait point cet »éclat, cette puissance qui aujourd'hui éblouis-

»sent, mais du moins *la vie du travailleur n'était*
»*point troublée par d'amères jalousies, par le besoin*
»*de haïr son semblable, par l'impitoyable désir de le*
»*ruiner en le dépassant* (1). »

La foi catholique et la charité, voilà donc le secret des associations d'autrefois et ce qui manque à toutes celles d'aujourd'hui : ce sont aussi les caractères essentiels de celles que nous cherchons à réaliser dans notre œuvre. L'association catholique, basée sur l'amour du prochain, sur le dévouement des grands envers les petits, du riche envers le pauvre, du patron envers l'ouvrier, l'association formée par la foi commune, bénie par l'Eglise, soutenue par la charité, voilà quel est l'objet de notre œuvre; et quand nous aurons fait cela, quand nous aurons donné à ce grand mouvement corporatif de l'heure présente cette base nécessaire et sans laquelle tous ses fruits seraient corrompus à l'avance, alors les corporations surgiront d'elles-mêmes telles qu'elles doivent être, et elles seront toujours bonnes et légitimes, parce qu'elles seront chrétiennes.

Quant à leur forme et à leurs statuts, ce n'est pas à nous, c'est à l'expérience et à la pratique de les déterminer. (Vifs et nombreux applaudissements.)

J'ai fini, Messieurs. Après avoir comparé les deux œuvres, j'ai, à ce qu'il me semble, suffisamment exposé ce qu'est la nôtre. Je vous ai montré sur quelles bases elle s'appuie, quelle fin elle se propose, quels moyens elle emploie.

____

(1) Louis Blanc, Histoire de la Révolution.

Vous pouvez juger. Je vous supplie de choisir; car nous croyons fermement que notre œuvre est seule dans la véritable voie qui conduit au salut social. Nous ne vous apportons pas un système nouveau et nous n'appartenons pas à une école. Notre système social, c'est le christianisme ; notre école, c'est celle de Jésus-Christ, et nous-mêmes nous ne sommes ici que de faibles instruments. Mais nous nous croyons cependant plus forts que nos adversaires, parce que nous comptons sur Dieu, parce que nous soutenons nos courages par la prière quotidienne, et parce qu'enfin nous n'avons d'autre ambition que de servir notre cause et de sauver la patrie.

L'année dernière, un poète à qui l'Académie française refusait d'ouvrir ses portes le jour même où M. Jules Simon les franchissait, M. de Bornier écrivait un drame, que vous avez peut-être applaudi ; pour mon compte, je l'ai fait de grand cœur, car ce poème fait revivre les traditions chrétiennes de la France, dans toute leur antique splendeur. (Applaudissements.)

Vous vous souvenez peut-être de cette scène où le guerrier sarrazin vient défier une dernière fois au combat le vieil empereur Charlemagne; il lui rappelle que tous ses tenants ont successivement mordu la poussière et il jette une suprême injure au visage auguste du vieillard qui porte sur ses épaules toute la gloire de l'empire chrétien. Tout à coup un jeune héros s'élance; il réclame l'honneur de combattre le sarrazin, et, levant vers le ciel l'épée que Charlemagne a mise entre ses mains, il s'écrie : *Pour le Christ et pour la France !* (Applaudissements.)

La Révolution jette aujourd'hui au christianisme un suprême défi. Déjà bien des tenants de l'Eglise ont mordu la poussière, et Elle est là, prête à livrer le dernier combat et à descendre dans l'arène que tant de ses fils ont rougi de leur sang. Mais, pareille au jeune héros, notre œuvre s'élance à son tour, et se précipite au-devant de l'infidèle, en s'écriant comme lui : *Pour le Christ et pour la France !*

(Acclamations. — Triple salve d'applaudissements. — L'orateur reçoit les chaleureuses félicitations des personnes qui l'entourent.)

La séance est levée à cinq heures quarante minutes.

Havre — Imprimerie J. BRENIER & Cᵉ.